Birhan Keskin
Earthly Conditions: Selected Poems

translated from Turkish by Öykü Tekten

 WORLD POETRY

Earthly Conditions: Selected Poems
Copyright © Birhan Keskin / Metis Yayınları, 2005, 2010
English translation copyright © Öykü Tekten, 2025
Introduction © Öykü Tekten, 2025

Several translations in this book were published in the following journals:
Oversound, *Pinsapo Journal*, *STAT®REC*, *World Poetry Review*

First Edition, First Printing, 2025
ISBN 978-1-954218-36-9

World Poetry Books
New York, NY
worldpoetrybooks.com

World Poetry titles are distributed by Asterism Books (US) and Turnaround Publisher Services (UK). Subscriptions and standing orders are available.

Library of Congress Control Number: 2025943365

Cover image: Gözde İlkin. *The Nook No. 25*, 2016, drawing on paper colored with plant extracts. Printed with the permission of the artist.

Cover design by Andrew Bourne
Typesetting by Don't Look Now
Printed in Lithuania by BALTO Print

World Poetry Books is a 501(c)(3) nonprofit and charitable organization founded in 2017 in New York City and a member of the Community of Literary Magazines and Presses (CLMP).

World Poetry's publications and programs are made possible by grants from the Poetry Foundation, Hawthornden Foundation, and the New York State Council on the Arts with the support of the Office of the Governor and the New York State Legislature, and supported by an affiliation with the Humanities Institute and the Translation Program at the University of Connecticut (Storrs), as well as individual donors and our subscribers. To learn more about supporting World Poetry, please visit our website: worldpoetrybooks.com/support.

Table of Contents

    Introduction   vii

from *Earthly Conditions*
    [soon the pure daylight...]   15
    Phoenix   17
    Seashell   19
    Ant   21
    Snail   23
    Caterpillar   25
    Spider   27
    Fish   29
    Mountain   31
    Glacier   33
    Lake   35
    Sea   37
    Desert   39
    Wisteria   41
    Fig   43
    Courtyard   45
    Door   47
    Homo Sapiens   49
    Traveler   51

from *Twenty Coated Pills*
    Threshold   55
    Penguin   57
    Water   59

from *Ba*
    Poplin Years   63
    Broken Whirlpool   65

My Face: A Worksite in the Desert, Yellow 67
Penguin 2   69
Stone   71
Thick Consistency   73
Photo   75

from *Y'ol*

Horses   79
My Taiga   81
The Swan's Complaint   83
Homo Sapiens   85

from *Cold Excavation*

Pu'u Ō'ō   89
Tuff   91
Flamingo I   95
Flamingo II   97
Flamingo III   99
Almond   101
In an Old Courtyard   103
Autobiography   105

Introduction

According to Jack Spicer, "a really perfect poem has an infinitely small vocabulary." Birhan Keskin's poetry stands as a testament to this claim. She writes plainly, accessibly, in a language borrowed from childhood. Her play with language creates a vast space for interpretation that often blends the particularities of her own culture and language with universal ideas of the human condition. She asks us to "return to the seed" and reminds us we might not be "more than a parched leaf."

Keskin has been a major voice in the Turkish literary scene since the 1980s, as well as an editor of prestigious literary journals and publishing houses. Her first poem appeared in a Turkish literary magazine in 1984, but she took a further seven years before publishing her first book, *Delilirikler*, because, as she puts it, "writing too many poems is a betrayal of both words and trees." In her early career, she was associated with the Second New Generation poetry movement of the 1950s in Turkey, yet her uniquely contemporary vocabulary and sensibilities, along with her striking and evocative images, distinguish her from the almost exclusively male poets of that generation. She paved the path for a generation of women poets to find their own voices in the face of all the odds, namely the stranglehold of the poetry lords and the cynicism of the establishment.

In this selection, the poet is a city dweller seeking nature, not through some backward gaze, but through its current reality, however chaotic it might be. Keskin's ability to shift voices between seemingly distinct subjectivities creates a rich texture, and an ambiguity that sits at the heart of her poetry. This poetry is often autobiographical, but the "I" of these poems is merged with non-human voices—stones, penguins, oceans, trees, glaciers, among others—in a way that might be termed *organic*. It is also a poetry of repose. She stands still in the present, sees by standing still, writes what she sees, and then moves to another spot to stand still again. In a world where it is not obvious that one can listen to oneself through the medium of silence, she writes her poetry with/in and through silence.

I began translating Keskin's poetry as a way to reconnect with Turkish, the first language I learned before English became my primary language. That is to say, the whole attempt was more like a linguistic and poetic self-practice back into the language I once spoke fluently. The idea of publishing the translations and turning them into a book came shortly after I had to learn a third language, when I moved to Spain in 2017. This was no voluntary move; my relationship with the country of my birth soured as a result, yet the need to remember or relearn the subtleties of Turkish became more pressing than ever. And I knew no other way than poetry to meet this need. Linguistically, Turkish is quite distinct from Romance or Indo-European languages. Geographically, however, Spanish and Turkish have a permanent and fluid connection in the Mediterranean, and this opened the floodgates of my memory. Those early months of exile were nothing short of Proustian, with many madeleines, napkins, and too many stony feelings. While learning Spanish through Federico García Lorca, I weaved my way back into Turkish through Keskin's poetry. I am forever grateful to both poets for helping me make sense of exile through language.

One of the challenges I encounter as a translator of Turkish poetry is that unlike Spanish and English, Turkish has no grammatical gender; thus, the equivalent to *he*, *she*, and *it* in Turkish is the gender-neutral pronoun *o*. In Keskin's poetry, the gender neutrality establishes a degree of ambiguity that blurs the distinction between the human and non-human subject. In "Seashell," for instance, it is almost impossible to determine what *o* refers to—a person, an animal, another seashell, waves?—let alone the gender of the subject. And four of the five stanzas begin with *o*. That's why I left it untranslated to retain the grammatical and ontological ambiguity. In other poems, I preferred to render it as *you*, or avoided using pronouns altogether.

This volume is the first representative selection of Keskin's work to be published in the US. Though much of Keskin's work remains unavailable in English, a selection of poems titled *& Silk & Love & Flame*, translated by George Messo, was published in 2013 by Arc Publications in the UK, and New York publisher Spuyten Duyvil brought out an edition of *Yol*, Keskin's seventh book, translated by Murat Nemat-Nejat, in 2018. Additionally, a broadside of Keskin's poem "Offering (Or a Bit of Accounting)," also in Nemet Nejat's translation, appeared from Ugly Duckling Presse in 2019.

For the present volume, I initially chose poems that had not been translated into English, poems that spoke to me first as a reader, and secondly as a translator. Birhan and I then made the final selection together. The result is a selection from five poetry collections, including *Twenty Coated Pills*, one of Keskin's earliest, which might be seen as a book of chemical intervention into the throbbing pain of existence, as much as a way to rid the body of its pain. *Earthly Conditions*, from which this collection takes its title, began when Keskin "saw a snail the size of a lentil on a tiny daisy leaf during a vacation. That day, I felt like I had closed a chapter in my own life and poetry and entered another." We included almost all the poems from *Earthly Conditions*, such that it became the backbone of the collection, bringing her poetry's concern with the non-human world to the foreground.

Another collection from which we took poems is *Ba*, a book the poet dedicated to her late father—the title is half of *baba*, which means *father* in Turkish. This was the first book of Turkish poetry to focus on menopause and its effects on women's bodies. We also included some new translations of parts of the book *Yol*, which concerns a lesbian love affair that ends in heartbreak, setting off a mystical journey into the heart of the matter. *Yol* in Turkish means *path* or *road*, which, with an apostrophe, Keskin turns into the verb *ol*, meaning *to be(come)*. Other poems were taken from *Cold Excavations*, Keskin's eighth book, and one of her most experimental, which received the Metin Altıok Poetry Award in 2011. It is an exploration of the depths of human cruelty, the loss of common sense, the pain of existence, and the poet's fierce response to the current state of the world. It is a lyric book of disquiet. We decided to end this collection with Keskin's "Autobiography," a prose-poem that appeared in *Birhan Keskin Şiiri ve Ba (Birhan Keskin's Poetry and Ba)*, a book of critical essays dedicated to Keskin's work after she received the Golden Orange Poetry Award in 2005.

    These translations would hardly have seen the light of day without the constant support and encouragement of several people in my life. Heartfelt thanks go to Sevda Akyüz, Miriam Atkin, Andrew Dunn, and Ammiel Alcalay for taking the time to comment on early versions of the translations and for their support and encouragement that helped me turn a passion project into this book. I thank Neil P. Doherty for his keen eye and invaluable feedback on the final manuscript that resolved some of the more puzzling issues I had encountered. Many thanks to the editors of *Oversound*, *Pinsapo Journal*, *STAT®REC*, and *World Poetry Review*, where translations included in this volume first appeared, and to ALTA for awarding me the Travel Fellowship and publishing five of the poems in the Travel Fellows Audiobook in 2020. Finally, I am grateful to all the readers at World Poetry Books who gave their feedback on these translations, and to my editor Matvei Yankelevich for accepting the book for publication, his life-long dedication to translated literature, and his seemingly never-ending generosity and patience.

Öykü Tekten
Granada, 2024

Earthly Conditions

Yeryüzü Halleri'nden

from *Earthly Conditions*

*Günün saf ışığı yavaş yavaş ovadan geçecek birazdan.
Dağların ardında eflatun bir perde gibi dalgalanacak.
Sonra ışık hızıyla —evet ışık hızıyla— camın karnından içeri,
durgun, sessiz ve hep öyle kalacakmış gibi yayvan odaya vuracak.
Bir kapı, ötekine gıcırtıyla gerinerek açılacak,
mutfakta çayın sesi demlenmeye başlayacak.*

*soon the pure daylight will slowly cross over the plains
it'll wave like a lilac curtain behind the mountains
then with the speed of light —yes, the speed of light— it'll enter
the dull room through the belly of glass calmly, quietly
as if it were there to stay forever unchanging
a door will stretch itself open to another
the sound of tea in the kitchen will begin brewing*

Zümrüdüanka

Serin bir rüyanın hatırınadır
çektiğim dünya ağrısı.

Bir hayalden geldim ben,
bir hayal verdim sana,
mavi-yeşil bir hatıra: işte dünya
ruhum! ovada sert es, yamaçta sus,
ırmakta ağla.

İşte dünya kapısı, işte dünya kederi
ister dağının gölgesinde dur, ister
incirin neşesine vur
ağrı kendini ve tamamla.

Phoenix

for the sake of a fresh dream
i suffer from world-weariness

i came from a dream
i gave you a dream
a blue-green memory: here's the world
my soul! blow hard over the plains, fall silent in the hillside
cry in the river

here's the world's door, here's the world's grief
either stand in the shadow of its mountain or
dive into the joy of figs
ache and complete yourself

Deniz Kabuklusu

O beni sahilden, kendimi gömdüğüm, sertleşmiş kumdan aldı,
elledi.
Ben, bana düşen acıyı da neşeyi de yaşamıştım, diye
düşündüydüm.
İçimdeki zayıf hayvan çok olmuştu öleli.

O beni sahilden...
Yani yoktu sedefimden başka şeyim.

Derin denizlerle, soğuk denizlerle
tuzla, dalgayla boğuştuydum ben, ve hayvanım çıkmıştı benden.
Kendi içine kıvrılmış, rüyasını unutmuş
soğuk taş değil miydim artık ben?

O bana bir rüya verdi, inanamadım.
(Bademin neşesi, dedi, al bak, dedi, kısacık, dedi.)

O benim sedefime elledi.

Seashell

o took me out of the hardened, wet sand on the shore
where i had buried myself,
touched me
i lived through the sorrow and the joy
put aside for me, i thought
the fragile animal inside me was long since dead

o took me away from the shore
that is, i had nothing but my mother of pearl

in deep seas, in cold seas
i grappled with salt with waves and my animal emerged from me
am i not a cold stone anymore
who curled up inside and forgot its own dream?

o gave me a dream that i couldn't believe
(the joy of almonds, o said, take a look, so very brief)

o felt up my mother of pearl

Karınca

Ruhumdaki sabır, kalbimdeki aşkla kurdum
kor dantellerden bu yolu, ormanın altında
yeter ki oku onu.

Senin gördüğün ağzımın kenarında duran dua,
ben ayaklarımın altındaki toprağa, döktüğüm
gözyaşına inandım. Öyle uzun ki dünya;
katlanmaya, kıvrılmaya, açılıp çarşaf olmaya.
Mümkündür yol yapmaya bir ömür, yol almaya.

Ah! yine de yolumdaki kederi kimse bilmesin,
büyüsün, genişlesin, dolansın ömrümü;
kapısı kapalı çoktandır, penceresi dargın.

Kim anlayacak bu kor işaretleri?
Kimsenin dilinden okunmasın içimde ufalan.
Ovada ve dağda saklı bir mavi için
düştümdü yola. Benim de yaban bir çığlığım vardı,
çok zaman oldu, teslim ettim onu rüzgâra.

Kışa girdik kıştan çıktık
ama değişmiyor insan
karınca duası diyorlar ördüğüm yola.

Ant

with the patience in my soul, the passion in my heart i built
this path of ember-laces, underneath the forest
just read it

what you see is prayer on the corner of my mouth
i believed in the soil under my feet, in the tears
i shed. so long is the world—
to be folded, curled, opened out like a sheet
a life is enough to make a path, to move forward

ah! even so, let no one know the sorrow on my path
let it grow expand wrap itself around my life
its door has been long shut, its window crossed

who would understand these ember-signs?
let no one's tongue read the diminishing parts in me
i set off on this journey for a hidden blue
of the plains and mountains. i too had a wild scream
a long time ago, i surrendered it to the wind

we've entered winter then exited
but people don't change
they call the path i've woven the prayer of ants

Salyangoz

İçimdeki taş yerinden kımıldadı.
Göğün altında,
yerin telef edilmiş yüzünde
bir papatyanın "olmaz" yaprağına düştüm.
Ben sustuysam söz de sussun. Olmadı,

taşındım ertesi gün "olur" yaprağına.
Orda büyüttüm hatırayı,
ordan düştüm.
Hatıra da unutsun kendini koyuluğunda.

Beni gel beni bul beni al,
istediğin yerde uyut bendeki hatırayı
istedim.

Vardığım yer bir uçurumdan kekeme,
gümüşten ipliğim azaldı —
susmaya unutmaya uykuya
yelteniyorum.

Snail

the stone within me stirred
beneath the sky
on the squandered face of the earth
i fell onto the 'no' leaf of a daisy
if i fell silent, so would the word. that didn't happen

the next day i moved to the 'yes' leaf
i grew memory there
from there i fell
in its density let memory too forget itself

i wanted you
to come to me find me take me
and whenever you wanted to put the memory in me to sleep

the place i came to is a stuttering of cliffs
my silver thread has grown thinner—
i dare to forget to sleep
be silent

Tırtıl

Aşktın sen, çimene düşmüş ışık,
ağrıda gizli sözümdün.
Bu yüzden parçalanarak yaşlanıyorum ben
bu yüzsüz çağda, sen içimde duruyorsun büsbütün.

Ah Felice, söksene beni çölden
Gün uzun rüzgâr dip fena öğlen.

Uykusuz gözlerimde ağrıdı çöl bunca zaman
Taş çatladı, devrildi günün yeli de
Çıkmadım senin yokluğundan.

Çıkacak bir düzlüğü yok ki hayatın
Bulmadım anne serinliğinde bir iklim
Varsa yolumda biri, gelsin yırtsın gömleğim.

Bir mucizeye uyandırmadı beni çağ
Ve hatıra değil artık hatıra.

Ah Felice,
ben senin yokluğuna mıhlandım,
haricimde dönüyor
dönüyorsa dünya.

Caterpillar

you were love, the light fallen on the grass
my secret word in pain
that's why i grow older by shattering into splinters
in this faceless age, you remain in me intact

ah Felice
uproot me from the desert
day is long wind is deep an afternoon dreadful

desert ached in my sleepless eyes for such a long time
stone cracked open, day's breeze overturned too
i never emerged from your absence

anyway, life has no smooth plain where one can arrive
i never found a season as fresh as mother
if there's anyone standing in my way, let them come and rip
   my shirt

this age didn't wake me to a miracle
and memory is no longer a memory

ah Felice
i am nailed to your absence
if the world still spins around
it does so without me

Örümcek

Terliymiş mavi gök, bıkkınmış akşamüstü
balkon yorgunmuş, yel söylenecekmiş.
Hariçmiş badem dünyadan, sardunya
daha şımaracakmış. Kerem edecekmiş taş,
mayalanacakmış çöl, düze çıkacakmış çukur.
Hah hah ha...
Sağ sağrımda aşk tozu birikiyor
gamzemde lirik hatıra.

Karnımın üstündeki çiyden duyuyorum dünyayı
Her ayağım bir başka yöne işaret ediyor.

Durmadan değişiyormuş dünya
Örümcek bağlıyormuş hatıra...

Ruhumdaki sarkaç bir atıyor beni
cesaretin beyaz atına, bir çekiyor içeri
ağulu korkuya.
(Ben üretmişim kuşkuyu, benim ipliğimmiş
korku! hah.)

Örümcek bağlıyormuş hatıra
hah hah ha.

İpim indirsene beni dünyaya
ha.

Spider

they say the blue sky was sweaty, the dusk jaded
the balcony weary, and the breeze was about to complain
the almond was left outside this world, the geranium
was going to be even more spoiled, the stone to be graceful
the desert to ferment, and the hole was going to flatten itself out
ha ha ha
on my right hip, the dust of love has gathered
in my dimple, a lyric memory

i hear the world through the dew on my belly
each of my feet points in a different direction

the world was to change constantly
memory to weave spider webs

my soul's pendulum throws me
onto the white horse of bravery, or sucks me
into a venomous fear
(they say i invented suspicion, fear
was my thread! ha.)

memory weaves spider webs
ha ha ha

my thread, lower me down into the world
ha

Balık

Zokayı yutmuşum ben bir zaman
ah dilim yaralı
konuşamam.

Fish

i took the bait some time ago
ah! my tongue's wounded
i can't speak

Dağ

Sabahın karşısında konuşmak ne zor!
İncecik kül gibi kalıyorsun,
Dağ susmaya giden yolu biliyor
sen bilmiyorsun.

Taş yarılıyor bir çiçek için, yol veriyor.
Kısacık konuşuyor çiçek: "Dünya" diyor,
"gördüm, benimle tamamlanıyor."

Yeryüzü karşısında konuşmak ne zor!

Yamaçtan aşağı bak, uçurumu gör!
—görsene kekeme!
İçindeki zayıf hayvan, dayanıksız dil,
olmamış hal
gümüş bir zirvede eriyor.

Mountain

how difficult it is to speak against the morning
you are left like fine ash
the mountain knows the path to silence
you don't

for a flower a stone cracks, gives way to it
quickly the flower says: "the world,
i saw it, completing itself with me"

how difficult it is to speak against the earth

look down the hillside, see the cliff
—see it, you stutterer
the feeble animal, the delicate tongue
the raw mood in you
are melting on a silver peak

Buzul

Suyun sırtında geçiyor ömrüm
kentlerim, saraylarım silik.

Gül ekilirmiş dünyada,
zülüf dökülürmüş yastığa.
Derinde bendeki, müebbet,
Ve aşağıda, yer değiştiriyor,
dönüyor
koyu bir sıvı: hatıra.

(Rüyamda bir göl dokunduydu bana.)

Ah, üstümde geniş sessizliği uzaklığın,
pul pul akşamüstü.
Yaşadım mı yaşamadım mı ben o çağları
içimde külrengi ve sonsuz buz ağları.

Kim yardı beni, bana kim yârdı?
Kim akıttı kanım,
bilmiyorum
hatırlamıyorum.
Dünyayı atları sürmeye gelmişim,
mart sonu muydu, şubat mı,
gül ekiliyordu toprağa,
kanımı kim?

Glacier

my life is spent on the back of waters
my cities, my palaces are faint

they say roses are planted in the earth
locks of hair fall on pillows
what i have is deep, eternal
and down there, a thick fluid:
memory, changing places
returning

(a lake touched me in my dream)

ah, the long silence of distance on me
a flaked dusk
did i live those epochs or not?
in me sooty and endless nets of ice

who cracked me open, who was a lover to me?
who shed my blood
i don't know
i don't recall
i came to this world to ride horses
was it the end of march or february
roses were planted in the earth
who planted my blood?

Göl

Bana karışmış, bende erimiş
tarçın kokulu bir şeyler var.
Söz söylensin, dip zedelensin istemem
hatıra koleksiyoncusuyum hem yerim dar.

Lake

something cinnamon-scented
diffused in me melted in me
i don't want the word to be spoken, the depth to be damaged
i am a collector of memory with not much space

Deniz

Uzun uzun bir yağmuru okudum,
Uzun ıslığını taşıdım rüzgârın,
Uzak bir kıyıya mektup yolladım.
Döndüm, derinde dövdüm kendimi.
Duydum, kırıldı içimde tuz sesi
Bir derine ağladım.

(Keder saldı içime bir denizden bir midye,
Taşı gördüm ağırlık indi dilime)

Engin de kendinden uzağı özlermiş
Ufuk bir şey değilmiş bana, gördüm.
Hayal kıvamıymış aşk,
Gülün kokusunu bademin neşesini
istedim.

Ah bilmedim de nasıl geniştim,
Koşup kapaklanayım bir kucak istedim.

Sea

i read the rain for a long time
i carried the wind's long whistle
i sent a letter to a distant shore
i returned lashed out at myself in the depths
i heard the sound of salt in me break
i cried into the depths

(grief struck me, a mussel from a sea
i saw the stone, my tongue grew heavy)

the depths too would yearn for the distances
the horizon meant nothing to me, i saw
love had the thick consistency of dreams
i wanted the smell of roses
the joy of almonds

ah, i didn't know how immense i was
i wanted arms to fall into

Çöl

Kor bir yankıdan başka nedir ki taş?
Dünyada bir heves değil mi insan?

Yokluk ateşiyle tutunduk varlığa
çatladık, kırıldık
ağrıdık.
Sarıydı kum çünkü
gökyüzü sarı hatıra.

Yeryüzünün acı bilgisine uyandık,
şaşkınlığa.
Derin uçurumlardan doğrulup doruğa,
yollarda kabuklar soyunduk.

Dilsizmiş dağ, ses etmemiş bize
merhamet ettik bakıp halimize
—Ah boynumuz ağırdı bize
boyumuzdan büyük yükler edindik

Çöl!
yetmez mi bunca ağrıdığımız
sarı zehir işte dört yanımız
Çöl! kaldır kumunu duy halimiz:

—Kaybolduk sende, nerde yolumuz?

Desert

what's stone but an ember reverberation?
what's a person but a whim in this world?

with the fire of absence we clung to existence
we were cracked open, broken
hurt
because sand was yellow
the sky, a yellow memory.

we woke up to the bitter knowledge
of the earth, to astonishment
we rose from steep cliffs to the peak
peeled scabs from the roads

the mountain was mute, didn't call us
we took mercy on ourselves looking at it
—ah, our necks grew heavy on us
we took on burdens bigger than us

desert!
is our pain not enough
look, surrounded as we are by yellow hemlock desert!
raise up your sand and hear us:

—we are lost in you. where is our path?

Morsalkım

Gel çekirdeğe gidelim
Kışı duydu gözlerim.

Çıkmadım çünkü. Uzanmadım. Sarmadım.
Toprağın gevşek karnında,
vaktin sarmalında döndüm,
döndüm. Döndüm*mm* ve
zamanın aynasında yapraklarımı gördüm.
Çıkmasam bile duvarın dibi gölge,
Ve baygındı kokum gölgede.

Gel çekirdeğe gidelim
Armut uyudu bahçede.

Vakit geniştir, vakit geniştir
Söyledim kaç kere!
Sarmak için bahçeyi bir köşeden bir köşeye
morsalkımlarla, yarısı öğle güneşinde
yarısı gölge.

Morsalkımım: kokuna yandığım
Morsalkımım, hey!
hey, yankım!
Gel çekirdeğe gidelim.

Wisteria

let's return to the seed
my eyes sensed the winter

because i didn't go out i didn't stretch out
i didn't encircle anything
i turned on the loose belly of the ground
in time's spiral i turned
turned. turrrned and
and saw my leaves in the season's mirror
even if i don't go out, the base of the wall is in the shade
in the shade my fragrance was faint

let's return to the seed
the pear fell asleep in the garden

time is plentiful, time is plentiful
how many times i've said this
to wrap up the garden from one corner to another
with the wisteria, half under the afternoon sun
half in shade

my wisteria: dizzying fragrant
wisteria, hey!
hey, my echo
let's return to the seed

İncir

Güldürdün beni yaz, rüyamsın
seninle uyudum, seninle uyanıyorum.

Çoook geniş içim, içime sığıyor
yeryüzü, yanına senin.
Ah, uçsuz bucaksız uzuyor aşkım da
kendim yazda kavruk yaprak kadarım.

Fig

summer, you made me smile, you, my dream
i went to sleep with you, i woke up with you

soooo wide am i inside, the earth
fits in there, right next to you
ah, my love is also endless
i am no more than a parched summer leaf

Avlu

Kar havası gibisin dışarda
İçimde elmanın dişlenişi...

Geçen kış geçmedi, burada,
Kapı komşusu o şimdi,
Uzun sessizlikler biriktirecek,
Düş kuracaklar
Aynı avlunun iki kardeşi

Bahçenin keçisi ve kedi,
Ve çite tüneyen horoz ve
Yumurtaya merakla bakan eşek
Aynı bakışla konuşacaklar.

Çocuklar yeryüzüne nineler insin dileyecek,
kıştır gelsin,
hayatın sakin yüzüdür avlu
ve odaları tamamlar masallar.
Dil midir,
odaların firuze rengi mi,
yayılır sessizce,
anlaşılır avlu ve ondakiler,

Şimdi gidiyorum, gece düşer birazdan
İki kedi ayışığında mırıldanır,
Evin kapısını korur köpek
Küçük eşek de yıldızları örtünecek,
sabah çimene düşer ışık, tekrar
Ben onlarla bakışayım istiyorum.

Courtyard

outside, you are winter weather
inside me, the bite of an apple

the past winter has yet to pass, it's
here, my next-door neighbor
two siblings of the courtyard
will gather long silences
and dream

the goat and cat of the garden
the rooster perched on the fence
the donkey eyeing the egg curiously
will all speak with the same gaze

children will ask the grandmas to come down
to the world. let winter begin
the courtyard is the calm face of life
the fairy tales complete the rooms
is it language
or the turquoise color of rooms
that seeps quietly
the courtyard and all that's within became clear

i am leaving now, night is about to fall
two cats purr in the moonlight
the dog stands by the door of the house
the little donkey will cover itself with stars
in the morning the light falls on the grass
once again:
i want to share gazes with them

Kapı

Geç benden, ben dururum, ben beklerim, geç benden,
ama nereye geçersin benden ben bilemem.

Dediler ki, olgun bir meyve var sabır perdesinin ardında,
dünya sana sabrı öğretecek, olgun meyvenin tadını da.

Dediler ki, şu ağaçlar gibi bekledin, şu ağaçlar gibi hayal,
şu ağaçlar gibi kederli.

Açıldım, kapandım, açıldım, kapandım, gördüm
gelenler kadar gidenleri de,
hani sabrın sonu, nerede gamlı eşek, pervasız nar nerde,
hani bahçe?

Biri gelse.. biri görse.. biri gelmişti.. açmıştı.. durmuştu..
duruyor hâlâ bende.

Kaç zamandır çınlıyor içimde bu boşluk, kim
kıydı, bahçenin şen duluydu, karşımda duran dut?
en çok onunla bakıştımdı, bir kere olsun dilegelsindi,
çok istedimdi.

Bana kalsa susardım daha, ama dilimdeki paslı kilit çözülür
belki,
sapaya kaçmış cümlem uğuldar, içimin kurtları kıpırdar diye
gıcırdandım takatsız.

Gördüm hepsini, gördüm hepsini, sabrın sonunu!
biri gelse, biri görse, biri görse, şimdi,
rüzgâr sallıyor beni.

Door

pass through me, i stand still, i wait, pass through me
but wherever you go through me, i don't know

they said, there's a ripe fruit behind the curtain of patience
the world will teach you patience, and the taste of ripe fruit

they said, you waited like these trees, you are a dream
like these trees, mournful like these trees

i opened closed opened closed and i saw as many
of those who came as those who left
where is the end of patience, the sad donkey, the heedless
    pomegranate
where is the garden?

if only someone would come and see. someone did and opened it
and stood where they still are, in me

for so long this emptiness chimes in me. who sacrificed
the jolly widow of the garden, the mulberry
standing in front of me? we glanced at each other
the most. how i wished it would start to talk.

if it were up to me, i would remain silent, but maybe the rusty key
of my tongue would be unlocked, my fugitive sentence hums
weakly i squeaked just to stir the worms inside me

i've seen it all, seen it all, seen the end of patience
if only someone would come and see, now
the wind is swaying me

İnsan

Taşa kazınmış bilgiden
Gecikmiş sesten geçtim
Gittiydim, baktım, döndüm.

Homo Sapiens

through wisdom carved in stone
through belated sound i passed
i went i looked and i returned

Yolcu

"Şimdi" ve "Burada" olmanın kederine karşı çıkmadım.

Dünyada iki kapılı bir han gibi durmanın,
buraya böyle gelmiş olmanın,
geçene yol açmanın, ki içinden rüzgâr geçirmenin
ne büyük güç istediğini anladım. Durmanın ne büyük sabır...

İçimde yeryüzü konuştukça anlıyorum ki,
bölünmüş bir hatırayım ben
dünyaya dağılan.

Ve şimdi biliyorum ki, neden,
yaş akıyor
atımın sol gözünden.

Traveler

i didn't resist being "here" and "now"

i understood how difficult it is
to stand in the world like a two-doored inn
to come here like this
to make way for those passing, so the wind can fly through
how difficult it is to be patient.

as the world in me speaks i understand
i am a split memory
spreading through the world

and now i know why
the left eye of my horse
sheds a tear

20 Lak Tablet'ten

from *Twenty Coated Pills*

Kapı Eşiği

Denizin kederini anlatacak dili yok,
dedim ve devrildim,
böyle sürdü uzun yıllarım
düştüm, sustum, içimden geçirdim,
evi oldum sol yanından yaralı bir salyangozun
ve komşusu ağlayan bir ağacın.
Yeryüzü, ah yeryüzü diyerek
gürültüsüne de alıştım
kapladığım yerin.

Bana verdiğin bu yarı-saydam gövdeden
sisin altında uğuldayan ve ipuçlarını bir türlü
çözemediğim üç-eksik-uzun vakti geçirdim.
Sadece bir baş dönmesi kaldı şimdi
ömrümden, o acı suyu biriktirdiğim.

Ağaç anlatabilir kendini yağmura,
hiç değilse fısıldayabilir —bunu biliyorum.
Kuş nasıl tarif edecek; konsa yeryüzünde av,
uçsa bir ömür boynunda vebal.
Ve kimim ben, düşe kalka dolaşan
yorgun ruh, dolaşık gönül, som gurur?
Ve kim, beni omzumdan öpüp o siyah
yolculuğa çağırır?

Threshold

no tongue to speak the sea-sorrow
i said and collapsed
my long years dragged on like this
i fell, kept quiet, grew pensive
became home to a snail
wounded on its left
and a neighbor to a weeping tree
saying the earth, ah the earth
i got used to the noise
of the place i occupied

through this transparent body you gave me
i spent three-long-lacking-seasons
that muttered under the fog
whose clues i can't possibly figure out
from my life, that pool of bitter water i'd gathered up
all that remains is this dizziness

the tree can explain itself to the rain
at least whisper to it, i know
how would the bird describe it? a prey on the ground if it lands
a sin around its neck if it flies
who am i? a soul stumbling
in fits and starts, a sinuous heart, pure pride?
and who kisses me on my shoulder
and invites me on that dark journey?

Penguen

Penguen
bana sırtını dönme,
biliyorum, sana benziyorum
ve içinde saklı tuttuğun yele.

Penguen
benim de içimde saklı tuttuğum
buzlu kıyılar, çığlık hatıraları
ben de senin kadar kaçkınım ve yaralı.

Kim bağışlayacak beni, penguen
çizdim senin beyaz ve narin yerini.

Bir yanım bembeyaz ışık
kör ediyor, bir yanım zehir gece.
Parktaki salıncağa binmeyi
beceremedim bugün ben de.
Penguen bana sırtını dönme.

Unutmadım aramızdaki beceriksiz dili.
Dünya yordu bizi. Benim de söyleyemediklerim
var. Hiç söyleyemeyeceğim onları belki de.
Uzun bir yolu geliyoruz seninle, yolu
geldikçe anlıyorum ki, biz,
bu dünya üzerinde yürüyemiyoruz bile.

Penguen,
Kim bağışlayacak beni?
Çizdim senin beyaz ve narin yerini
elimde unuttuğum ince metalle.

Penguin

penguin
don't turn your back on me
i know i'm like you
and the wind you hide inside

penguin
i too hide inside
icy shores, memories of screams
i too am a fugitive, wounded
as much as you

who will forgive me, penguin
i traced your white and fragile place

one side of me is a bright light
blinding, the other, a biting night
i too couldn't get on the swing
in the park today
penguin, don't turn your back on me

i didn't forget the clumsy language we used
the world exhausted us. i too have things i couldn't
say. things i might never say.
we traveled a long road together, as we do
i understand well enough we can't
even walk on earth.

penguin, who will forgive me
i traced your white and fragile place
with the thin metal i've forgotten

Su

Konuşmam artık, ağır sözler söylemem
bir düş için sabahları göğsüme sedeften
bir çiçek işlerim.

Hiç bilmedim, konuştuklarımdan ne anladın,
ormanın korkunçluğunu söyledim,
ovanın serinliğini sustum,
sen uzun bir uykuyu uyudun, ben düş gördüm.

Durmadan bir yoldan söz ettim:
suyum ben, adımı unutmadım,
dolanıp, bir gün yanına düştüğüm
bir dağdan söz ettim;
dünyanın işine karışmadım,
beni avutmaz dünya, beni tutmaz da,
dolanıp içine kirinin
yine temiz geldim.

Göğsümde sedeften bir çiçek taşırım:
bir büyü bu, hayata karşı yaptırdım
konuşmam artık, kalbini kırdımsa senin
bil ki yanına düştüm.

Water

i won't talk anymore, utter heavy words
in the mornings, for a dream, i engrave an ivory flower
on my chest

i never knew what you made of my words
i spoke of the horrors of the forest
i kept the silence of the cool plains
you slept a long sleep, i dreamed

i always talked of a road
i am water, i didn't forget my name
i talked of a mountain i reached
after i wandered around it
i minded my own business
the world doesn't console me
the world doesn't keep me
i passed through its dirt
and came out clean.

i carry a flower of ivory on my chest
it's a spell i put on life
i won't talk anymore. know that if i broke your heart
i fell down right beside you

Ba'dan

from *Ba*

Poplin Yıllar

Bir teneke parçasını eğip büküyorum gün boyu.

Kuru nehir, kadim ağrı
seyiriyor arada
telli turnalar, arada
neşeli yağmur, ama
tel tel çözülüyor içimdeki pamuk
koyu rota ve salkımsaçak.

Ben bu geçitte,
susan bu cümlelerde ne arıyorum?
Ahşabın eti boşalıyor içinden, duyuyorum.

Bir teneke parçasını eğip büküyorum gün boyu.
Poplinlere sar beni, pazenlere!
Kuru ova... kör pusula..

Poplin Years

all day i flex a piece of tin out of shape

a dry river, an old pain
twitch sometimes
the crane too, sometimes
the cheerful rain, but
in me the cotton, the dark route
and this loose-bunch all untangle

in this pass,
what am i looking for in these silent sentences
the flesh of wood is emptying itself, i hear it

all day i flex a piece of tin out of shape.
wrap me in poplins, in cotton flannels
the plain is dry—the compass, blind

Kırık Anafor

Kıraç, boz ve kurak bir boşluktayım
kilimleri rüzgâra karşı astım
ben burada
sapların üstünde öğle uykusundayım
dünya aşağıda dağlar uzakta
ben küskünüm ama şu yamaç kadar
ama rengarenk, rüzgârda, kilimler
ve harman sonu, yorgun yaprak, kaçkın keler.

Üzerine akşamın kapandığı gölüm ben
Bir kez hatıra ettim aşkı, bir daha etmem.

Seyrek salkımım bağda
Güz geçmiş üstünden ve tenha.

Göl gibi misin,
Göl gibi misin?
Göl gibisin hea!
Rüyadasın, hey, rüyasın.
Bir su şiirinde
Gürültüyle konuşuyorsun
Aşağı iller,
Susmuş şimdi. Oyy!*sa*

Broken Whirlpool

i'm in a void, barren gray and arid
i've hung out the kilims against the wind
here i am
in an afternoon nap on stalks
the world is down there, the mountains far off
i'm as resentful as this hillside
but colorful, in the wind kilims
and the end of harvest, weary leaf and scurrying lizard

i'm the lake over which the evening falls
once i fashioned a memory out of love
i won't do it again

i'm a sparse bunch in the vineyard
over which the autumn has passed, and forsaken.

are you like a lake,
are you like a lake?
you are like a lake hea!
you are in a dream, hey, you are the dream.
in a water poem
you speak so loudly
the lands down below
are silent now. howw!*ever*

Yüzüm: Çölde Bir Şantiye, Sarı.

:(durmuş, unutmuş kendini bende. Kalakalmış.
Upuzun,
ipince, bir sabır: suyunun yolunun uykusunun
uzağında. Kör katman,
kör küme. bu çağda bu şehirde usulsüz
bir nota. *Si*

Yüzüm:

:(bulutlu şey, ağlamaklı akşam.
Soğuk iklim. İçinde öfkelerinden habersiz korkunç
atlar gezdiren. Sessiz,
yıldızsız. Biz onunla çöle gitmiştik,
çölü dinlemiştik. *re*

Yüzüm:

:(dağlı Leyla. Kar kirpiği.
Kokular tıngırtılar mutfağında tuzlu biber. *een*

My Face: A Worksite in the Desert, Yellow

:(standing still, it lost itself in me. petrified.
really long
really thin patience: far from
its water its road its sleep. blind layer
blind cluster. in this century in this city an off
note. *si*

my face:
:(a cloudy thing, this weepy evening.
a cold climate. in it terrifying horses roam around
unaware of their rage. silent,
starless. we went to the desert together
we listened to the desert. *re*

my face:

:(leyla from the mountain. snow-eyelashes.
salty pepper in the kitchen of smells and rattles. *een*

Penguen 2

O büyük ve muazzam zamanda unuttum
Kanatlarım çok oldu üşüyor benim
Bu beyaz ıssızlıkta göğsüme düşüyor
Bu yüzden eğik boynum.

Bir kuşun anısı kalmış bende, saklı
Bundan gözlerimdeki kayalık,
içimdeki serseri buzullar

Dürtme içimdeki narı
Üstümde beyaz gömlek var.

Penguin 2

i forget in that grand and stately hour
that my wings have long been cold
in this white desolation they fall onto my chest
that's why my neck is askew

the memory of a bird remains within me, hidden
that's why rocks are lodged in my eyes
inside me, rogue icebergs

don't poke at the pomegranate in me
i'm wearing a white shirt

Taş

İlk benim yüzüme rastladınız, en eskisiyim buranın.
Karnıyım dünyanın. Yeryüzünün ağrısı bendedir.
Kum ve kayaç benim.

Issızlık bilgisiyim ben, sessizlik bilgisi.
Durmanın ve kalmanın büyük planıyım.

Her şeyi gördüm, her şeyi. Suyun gidişini, ağacın çiçeklenişini.
Tekrar tekrar gördüm ben daha da görürüm. Büyük Zaman, benim.

Denizler dalgalar dövdü beni, sert rüzgârlar yurt bildi zirvelerimi.
Kırıldım, söküldüm, ufalandım; döndüm bitiştim tekrar kendime
açsan, kırsan, baksan; bütün yeryüzü, her zerremde.

Taş taşıdım, içim kendimden yorgun benim, dilim çok uzun
bir yankı.
En eskisiyim ben buranın.

Stone

you encountered my face first. i'm the oldest one here
i'm the belly of the world. in me, the pain of the world
i'm sand and rock

i'm the knowledge of solitude, of silence
i'm the grand scheme of standing still and remaining

i've seen it all, all. the flow of water, the flowering of trees
i've seen it all, time and again, will see it more. the Grand Hour
    is me

the seas the waves have beaten me. the rough winds have made
    my peaks home
i was broken unraveled crumbled
i've turned around and stitched myself back together
if you break it open and look at it, the whole world appears in
    every speck of me

i've carried stones. my soul is wearier than i, my tongue a long echo
i'm the oldest one here

Koyu Kıvam

Arkamdaki dağları yitirmiştim, ufkumdaki denizleri
Beraber uyuyup beraber uyandığımız hayvanlarımızı
 yitirmiştim
Durmuş gibiydi içimden dışıma akan esas ırmak ve sonra
Hiçbir şey olmamış gibi yaşamıştım. Dünyadan bir şen bir
 ruh geçmişti
En son onunla gülmüştüm.

Ayaklarıma yeşil otlar değmişti, üstümden beyaz
bulutlu gökyüzü yürümüştü. Ben ikisinin de arasında
 uyumuştum.
Bir çingene şarkısında kederli bir cümle şimdi bunlar.

Thick Consistency

i lost the mountains behind me the seas on my horizon
the animals i slept and woke with
it was as if the main river flowing out of me stopped
i lived as if nothing happened. with a joyous spirit that passed
    through the world
i laughed for the very last time

green grass touched my feet. a sky full of white clouds
walked over me. between the two i slept
all this is now a sorrowful sentence in a romani song

Fotoğraf

Ben çok eski bir fotoğrafta duruyorum.
Yüzüm o fotoğrafta bile eski bir fotoğrafa benziyor.
Karmaşık bir mitoloji, sarmaşık bir tempo
tam da o anda durmuş fotoğrafa;
hâlâ duruyor.

Bir büyük yangında donakalan bir an:
Köprüsü yok bir köprü ayağı,
kederle yerinde duran.
Suyu çekilmiş bir çukur çeşme
bir vakit sebil, ve
bir devrinde gülmüş sonra yıkık eski bir şehir.

Beş kadın bir de yeşile yakın bir sepya:
Biri yanındakine ömrünü veriyor.
Üçüncüde boynunu sola çeken bir keder
Öylece duruyor. Dördüncü ha var ha yok bir hayal.
Beşinciye çok eski bir yağmur vuruyor.

Siyah beyaz bir günmüş,
fotoğrafın derininde bir gümüş nehir,
donan andan dışarı, bir tek o, yürüyor.

Photo

in an old photo i stand
even here my face resembles an old photo
a complicated mythology, a creeper-tempo
posed right at that moment for the camera
still posing

a moment frozen during a massive fire:
a pillar of a bridge without its bridge
standing mournfully still
a hollow fountain, once public,
whose water has dried
and an old city, once happy, now ruined

five women and a greenish sepia:
the first gives her life to the one next to her
the third is grief twisting her neck to the left
just standing like that. the fourth is like a fading daydream
an old rain is pouring down on the fifth

it seems to be a black and white day
a silver river in the depths of the photo
is the only thing stepping out of the frozen moment

Y'ol'dan

from *Y'ol*

Atlar

Rüzgâr gibiydiler, dünyada biz onlarla rüzgâr gibiydik.
Tuhaf bir boşluk duygusu yaratıyor şimdi
Onların burada olmaması.
Otların sesinin uzak durması da demek bundan..

...

Rüzgâr gibiydiler, dünyada biz onlarla rüzgâr gibiydik.
Bulutlardan otlardan çayırdan geçer nehre değerdik.
Dağlara göçer dağlardan iner adımızla yaşardık.
Bir şimşek çakımıdır dediydik ömür, bunu onlardan bilirdik.
Yakıcı güneş, mağrur yeldi gençliğimiz
Yaşlımız yüzünde yağmur taşır saçlarını uzatır, ahhhhh
Dı.Dı.Dı.Dı...dık.

İçimin kederini çeken atlar, yokuşu düz eden atlar.
Kalbimi ısıtan atlar.
Kahverengi bir akşam var burada, onlar yoklar.

Horses

they resembled the wind. we resembled the wind with them in
    this world
now their absence creates
a strange sense of emptiness
perhaps that's why the sound of grass remains distant

...

they resembled the wind. we resembled the wind with them in
    this world
we would cross the clouds the grass the meadow, touch the river
we would migrate to the mountains, then descend and live under
    our names
we said life is a lightning strike. we learned this from them
our youth was the scorching sun, a proud breeze
our elders carried rain on their faces. let their hair grow long,
    ahhhhh
we were. so we.we.re.we.re.we were.

horses that pull the grief in me, flatten the slope
and warm my heart
there's a brown evening here, they are not

Taygam

İki sürgün, dili çalınmış içlerinden ve yolda.
Bütün bir gece oturup boş kağıtları karaladık.
Uzun uzun susmak olmalı bu.
Takılıp kalmış bir kumaş parçasıyım ben ağaçta.
Çekik gözlü kadınlar çizdin kuma sen bir ara.

Değil burası bizim evimiz, burası da,
olmaz bize ev burası, burası değil, burası değil
diye diye kaç yıl oldu yoldayız.

Ama bizden biri gibi artık bizde
suyu kurumuş bir ağlamak ve
bir rüzgârlı bayır içimizde.

My Taiga

on the road, two exiles whose language was stolen from their
    tongues

we sat and scribbled on blank pages all night
this must be what a long silence is
i am a piece of cloth tied around a branch
at one point you drew women with almond-shaped eyes on
    the sand

we keep saying this is not our home this isn't either
this one wouldn't be home for us not this one not this
that's why we have been on the road this long

but it's like one of us now
this crying with dried up tears this
windy ridge remains within us

Kuğunun Şikayeti

Hepsi budur; kenardaki otlar..
Yüzüm suya bakar benim, suya dalar çıkar.
Bu göl; içinden bir ömrü geçirdiğim dünya
Bu *dur*duğum, peşimsıra büyüsün diye rüya
Bu yavrular, kanat açtığımız,
birbirimizin göğsüne durduğumuz filan...
Bu gördüğün göl kadar. Bir de işte kenardaki otlar..

Kuğuysan, yeminliysen bir ömür aşka.
Diyeceğim; gitsen başka düğüm kalsan başka.

Ama vardı gidenler, onlarda gördüm;
(Her gidende seyreklikti, bir şey, uçtun da orda ne gördün!)
Gitmemeyi seçtim ben, kaldım üst üste, kördüğüm.

Öğrendiğim; bir kuğu yeminliyse aşka ömrü gibi
Göldür bütün dünya, bitmez boynun eğriliği.

The Swan's Complaint

that's all; the grass on the side
my face stares at the water dips in and rises out of it
this lake the world through which i've passed this life
this place where i stand for a dream to grow in my wake
these little ones we take under our wings
here where we rest on each other's chest, etc.
is as big as this lake you see. and the grass here on this side

if you are a swan, pledged lifelong love
i say it is a knot if you stay. if you leave, it is still a knot

but some left, i saw them
each departure a sparseness, a thing
what did you see there when you flew away?
i decided to not leave, stayed over and over, a gordian knot.

what i learned: if a swan pledged to love like its life
the world becomes a lake, the neck remains bent

İnsan

...
Neşeyle yaptıklarımdan geçtim
Kederle durulan yere geldim,
İnce uzun bir öfkenin sessiz ipiyle
Günün saf ışığının altına çömeldim.

...
Yenildim ben, unutuldum ve üzgün
değilim inan.
Büyüktü çünkü onların dünya arzusu
Benim otların sesiyle kaplı kalbimden
Söktüm atımı söğüdün gölgesinden
Şimdi yol benim yeniden.

...
Bir cümledir insan
arşla ferş arasında ve hep haklı
Vardım işte demek için
ömür denen cisimde saklı.

Homo Sapiens

...

all i did in joy i passed right through
to end up in the place of standing in grief
with the silent rope of a long slender anger
i crouched under the pure daylight

...

i am defeated, forgotten
but not sad, believe me
because their desire for the world
was greater than my heart covered in sounds of the grass
i took my horse out of the willow's shade
once again the road is mine

...

the human is a sentence
between the edge of the sky and earth
and always right
just so it can say "i am here"
while hidden inside this matter called life

Soğuk Kazı'dan

from *Cold Excavation*

Pu'u Ō'ō

Benim kalbim bir hatıraya kalsın
Bu çukur vadiye, kazıdım buraya
Gelsin okusun;
Kimin eli değmişse bir ayrılığa
Tütecek sandığı ocak sönecek
Bir daha hiç görünmeyecek o rüya.

Eski vakitlerdi, küçüktüm, aksaktım
Beni kızımdan kardeşimden etmişlerdi.
Kanatladığım yol, indiğim vadi
Hiç bitmedi çıktığım göç bir daha.

İçimdeki od'a hiç varamazam
Önüme artık hiç bakamazam men
Yaklaşan şeyi kim örüyor,
bilemezem.

Kırdığım buncacık kabuk
Kırdığıdım buncacık kabuk.

Pu'u Ō'ō

lend my heart to a memory
to a valley; i carved it here
come and read it
if you ever touched a separation
your hearth would perish
you would not see that dream again

back then i was little, lame
separated from my daughter, my sister
the path i winged over, the valley i descended
the exodus hasn't ended since then

i can't reach the fire in me
can't see what's ahead
can't know who is weaving
what's approaching

the shell i broke is teeny-tiny
the shell i broke is teeny-tiny

Tüf

Başlangıçta, dünyanın karnında, birbirine dolanmış,
Bir ateş gölünde koyu bir kıvam
Kırmızı bir sıkıntı... Bir dağın içinde ateşle kıvranan.

Hatırlamaya çalıştığı bir cümlesi belki de hiç olmadı.
Gri siyah bir nefesti külden dumandan.

Karaydı ve isli. Kasım'da ağaçlar vardı, yaban üvezleri
Dünya her günkü yerdi, onunki rehin bir hayat sanki.

...

Koyu esmer bir geceden,
Mıh gibi yakıcı bir cümleden
çatırdadıydı duvar; O ateşten gölü çevreleyen

...

Sonrasını hatırlamıyor.
Fümerol ve tüten
Sıçradı...

...

Yarılan dağdan aşağı,
kırmızı uzun bir yol.

Sonrasını hatırlamıyor.

Kurduğu sözde göz göz boşluklar olacak.
Dili soğumuş çoktan. Bedeni dikenli.

Tuff

in the beginning
in the womb of the world, wrapped around each other
the thick consistency in a lake of fire
a red grievance writhing in flame within the mountain

perhaps it never had a sentence worth remembering
its gray-black breath was of ash and smoke

it was dark and sooty. trees in november, wild rowans.
the world was ordinary; as if its life was taken hostage

...

under a thick dark night
with a sentence like a stabbing knife
the wall surrounding the lake of fire cracked

...

it has no memory of how
from the fumarole the fumes
leapt

...

down the cracked open mountain
a long red path.

it doesn't remember the aftermath.

the sentences it formed would have holes like eyes
its tongue already cold. its body, thorny.

Dönüp tamamlayacak mı hatırlayacak mı
Bilmiyor.

...

Dışarıda dünya varmış, evet. Ama o koyu sülfür
Önünden atlar geçti, eşekler, ve zaman;
Ama o esmer bir küfür.

Çok sonradan ağzını açtı:

"Tüf," dedi.

it has no idea if it should go back and complete it
or just remember it

...

there is a world outside, yes. but that dense sulfur
horses donkeys and time paraded in front of it
but that's a dark swear word

it opened its mouth much later to say:

"tuff"

Flamingo I

Daha kalkarken, bir anı
ince ve pembe.
Bir gölden öbürüne.

Bir cümle, kısacık, koşar adım,
yok karşılayanı.
Yakar seni öyle.

Sonra benden sana kalan
Bir tuzlu su ve incecik
boynumun hatırası,
kıldan ince.

Flamingo I

as it takes off, a memory
slender and pink.
from one lake to another.

a sentence, short and swift
no one to receive it
it burns you so

i leave for you
salty water and the memory
of my tiny neck
surrendered to fate

Flamingo II

Öyle çoktum bir gün
Nakuru'da.
Sonra evden uzağa.

Bacaklarım öyle ince öyle pembe
Bir tuzlu suda,
Öyle çoktum bir gün
su bir hatıra Nakuru'da.

...
Ben bir durgun suda,
bir tuzlu tavada yaşıyorum
Ben,

Onlar diyorlarkidiyorlarki bana,

Şeker söyle kaymak söyle
Bal söyle!

Flamingo II

i was so many one day
in Nakuru
then away from home

such tiny such pink legs i had
in the salty water
i was so many one day
water, a memory in Nakuru

...

i live in stagnant waters
on a skillet
i,

they tellmetellme

sing sweet soft songs
in a honeyed voice

Flamingo III

Hayata değdiğim yer bir tuz zerresi
Kirpiklerimde kırılan ses tuzun sesi
Tuz bastım kalbime sakladım seni
Yürüdüğüm ömrüm değil,
keskin bir tuz hikâyesi.

Flamingo III

where i touch life is a speck of salt
its sound breaks on my eyelashes
i kept you by fermenting my heart in salt
the path i walk on isn't my life
but a poignant story of salt

Badem

Bademin sana göründüğü nasılsa
Badem o değil bana.

Çılgınlığa açması, kısacık.
İncecik tülün ardından
Tüylü yeşil bir çağla.

*Beni de acı yap, acı yap beni
bademleyen say beni* dedi ya, Celan
Bademe başka türlü bakamam inan.

Hani o ilk sabah olurkenki
güzelliği dünyanın kısacık,
ve kabuğun uzun sürdüğü
ve sonra hepsinin yalan olduğu
bu kattan sonra, bu acı türküye
kat kat beni de kat, beni de.

Badem sana neyse, o değil bende.

Almond

however the almond appears
isn't how i see it

blooming into madness for a minute
behind a thin veil
a fuzzy green almond

make me bitter
count me among the almonds, said Celan
i can't look at the almond any other way, believe me

the beauty of the world
at daybreak for a minute
when the shell went on too long
and all of it turned into a lie
after this layer, to this song
add me add me, me too

whatever the almond is to you, it is not to me

Eski Avluda

Bir çiçek açtığında
Bir eski avluda
Diyor ki;
Çalıda sarı bir çiğdemim ben
Ve senin çok eski cümlen.

Sen otursan, gitmemiş ki! olsan
Ben sana eski bir Endülüs avlusu
İstersen serin bir Portofino getirsem
Ya da Yedigöllerden yedisini birden.

Bir çiçek açtığında
Bir eski avluda
Diyor ki;

Her şey çok eksik ve neredeyse yok gibiyken
Buldum buluşturdum kendime geldim
Tek eksik sensin! İncecik, çilli bir dille
sen de gelsen.

Ben sana kırmızı kiremitli bir çatı
Begonviller ve bir mavi kapı
Ve illa amansız bir avlu getirsem.

Dünya soğur, akşam serinlerken,
Benim sensiz sevinecek bir şeyim yok.
Kılı kırk yardım, altını üstüne getirdim,
Ve işte en gümüş cümlem:

İçimi açtım sana.
İçini açmak için.

In an Old Courtyard

when a flower blossoms
in an old courtyard
it says:
i am a yellow crocus
and the oldest of your sentences

what if you just sat, became "as-if-you-never-left"
what if i became an Andalusian courtyard for you
and brought you a chilled Portofino
or all seven of the Seven Lakes

when a flower blossoms
in an old courtyard
it says:

when everything was lacking, amounted to almost nothing
i began from scratch and recovered myself
you are the only one missing. what if you come
with a fragile, speckled tongue

what if i brought you a red tiled roof
bougainvilleas and a blue door
and of course, a relentless courtyard

as the world cools down and the evening chills
there is nothing i can rejoice in without you
i split hairs and ransacked everything
and here it is, my most silver sentence:

i opened myself to you
to open your self

Otobiyografi

22 Aralık 1963. Kırklareli, Demircihalil. Trakya'nın ayaz gecelerinden biri. Bir yatsı ezanı vakti. İki erkek çocuğundan sonraki kız çocuğu. İyi ki doğmuşum, yoksa Gürhan (benden ikibuçuk yaş büyük, abi o) epey bir süre daha kız elbiseleri içinde büyüyecekti. Annem (İftade, bizim oralarda o vakitler muhtarların harfleri biraz şaşkın) beni bir gün bir tarlanın kenarında kucağına almış, arkamızda, yaslandığımız demir tekerlekli bir arabanın tekerlerinden parmağıyla aldığı siyah şeyi benim kaşlarıma sürüyor. Kara kaşlı olaymışım! Oldum. Hatırlıyorum diyorum anneme, mümkün değil, çok küçüktün diyor. Hatırlıyorum. Benden sonra iki kardeş daha geliyor, Günalp ve Ahmet. (En büyük abinin adını da söyleyeyim: Erdoğan.)

1969. Annem ve Babam (Ali) ve onların ikişer eli. Ve biz beş kardeş. Hepimiz İstanbul'a göçüyormuşuz. Yüksek sundurmalı o evi bir daha görmedim. O uzun sundurma ay çekirdeğiyle doluydu, üstünde fışır fışır yuvarlandıydım, sanki de gökte ay dolunaydı.

Dört erkek kardeşin oyuncaklarıyla büyüdüm. Bana kız oyuncağı almadıkları için değil. Dördü birden o oyuncaklarla oynuyorlarsa bir bildikleri vardır diye.

1970. İlkokula başlayacağım. Annem saçlarımı kısacık kestiriyor berbere. Saçlarımı yerine geri taksınlar istiyorum, takmıyorlar. Bir hafta dışarı çıkmıyorum.

İlkokulun ilk yılı, sol elimi iple bağlıyor öğretmenim. Sağ elimle yazmalıymışım. Okulu sevmedim, bu kır saçlı öğretmeni de. Kaçıyorum, annem geri getiriyor tekrar. Uzun sürdü. Okuyamayacak bu çocuk diyorlar. Üçüncü sınıfta elimi bağlayan

Autobiography

December 22, 1963. Kırklareli, Demircihalil. One of those frosty nights in Thrace. Around the night prayer time. A girl after two boys. I am glad I was born. Otherwise, Gürhan (my brother, two and a half years older than me) would have grown up in girls' dresses for a while. One day İftade (my mother, whose name was misspelled on her ID by the local mukhtar) put me on her lap by the roadside; we were sitting behind a truck with iron wheels, and she was putting something black, which she took from the tires, on my eyebrows. She wanted a child with black eyebrows! So I became one. I told her much later that I remembered this. "It is impossible. You were so little," she said. I remember. Two more siblings after me, Günalp and Ahmet. (I should also mention my eldest brother's name: Erdoğan.)

1969. My mother and father (Ali) and their two hands each. And we are five siblings. We moved to Istanbul. I have never seen that house with the high porch that we left behind. The porch was filled with sunflowers. In swishing sounds, I rolled over them. There might have been a full moon in the sky.

I grew up with my brothers' toys. It is not because they didn't buy me toys, but because I thought there must be a good reason for the four of them playing with theirs.

1970. I began elementary school. My mother had the hairdresser cut my hair very short. I wanted them to put my hair back, but they didn't. I didn't go out for a week.

The first year in school, the teacher tied my left hand with a string. I had to write with my right hand. I was not too fond of school, nor this gray-haired teacher. I ran away, but my mother brought me back. It took a long time. They said this child won't be able to read.

öğretmenden kurtuldum. Sonrası daha kolay olmaya başladı. Bizimkileri yalancı çıkarttım, okudum. Yetmedi, yazdım da. (Sonrası ve karmaşık bölümler için bkz. *Kim Bağışlayacak Beni, Ba, Yol.*)

İstanbul, 2006

In the third grade, I no longer had the teacher who tied my hand. Everything got much easier after that. I proved my family wrong: I read. As if that weren't enough, I also wrote. (For what has followed since and the complicated parts, see *Who Will Forgive Me*, *Ba*, *Yol*).

Istanbul, 2006

Birhan Keskin is a Turkish poet and editor. She graduated from Istanbul University with a degree in sociology. Her first poems began to appear in 1984. In the late 1990s, she was joint editor of the literary magazine *Göçebe*. She has since worked as an editor for a number of prominent publishing houses in Istanbul. She is the author of nine books of poetry, and previous English translations include her book-length cycle *Yol* (Spuyten Duyvil) and the selected volume *& Silk & Love & Flame* (Arc Publications). Keskin is the recipient of Turkey's prestigious Golden Orange Award and the Metin Altıok Poetry Prize.

Öykü Tekten is a poet, translator, archivist, and editor. She is also a founding member of Pinsapo Press, an art and publishing experience with a particular focus on work in and about translation, and a contributing editor and archivist with Lost & Found: The CUNY Poetics Document Initiative. She is the co-translator of İlhan Sami Çomak's *Separated from the Sun* (Smokestack Books) and the translator of Betül Dünder's *Selected Poems* (Belladonna*). She is the general editor of the Kurdish Poetry Series for Pinsapo Press, as well as a co-editor of the annual *Best Literary Translations* anthology from Deep Vellum.

This book was typeset in FH Phemister, a contemporary serif designed by Istanbul-based Typografische Type Foundry, led by Fatih Hardal. Named after Scottish type designer Alexander Phemister, the typeface draws inspiration from nineteenth-century letterforms. The cover features the work of Turkish artist Gözde İlkin. Cover design by Andrew Bourne. Typesetting by Don't Look Now. Printed and bound in Lithuania by BALTO Print. Manufactured by Arctic Paper in Sweden, the paper in this book meets EU Ecolabel, Forest Stewardship Council, and Cradle to Cradle certification standards.

 WORLD POETRY

Samer Abu Hawwash
Ruins and Other Poems
tr. Huda J. Fakhreddine

Marie-Noëlle Agniau
The Escapades
tr. Jesse Hover Amar

Nadia Anjuman
Smoke Drifts:
Selected Poems
tr. Diana Arterian
& Marina Omar

Jean-Paul Auxeméry
Selected Poems
tr. Nathaniel Tarn

Leire Bilbao
Fish Scales: Selected Poems
tr. Joana Urtasun

Boethius
The Poems from On the
Consolation of Philosophy
tr. Peter Glassgold

Maria Borio
Transparencies
tr. Danielle Pieratti

Astrid Cabral
Spotlight on the Word
tr. Alexis Levitin

Jeannette L. Clariond
Goddesses of Water
tr. Samantha Schnee

Jacques Darras
John Scotus Eriugena
at Laon
tr. Richard Sieburth

Mario dell'Arco
Day Lasts Forever:
Selected Poems
tr. Marc Alan Di Martino

Marie de Quatrebarbes
The Vitals
tr. Aiden Farrell

Ricardo Domeneck
First Epistle to the
Amphibians: Selected Poems
tr. by Chris Daniels

Olivia Elias
Chaos, Crossing
tr. Kareem James Abu-Zeid

Gastón Fernández
Apparent Breviary
tr. KM Cascia

Jerzy Ficowski
Everything I Don't Know
tr. Jennifer Grotz
& Piotr Sommer
PEN AWARD FOR POETRY IN
TRANSLATION

Antonio Gamoneda
Book of the Cold
tr. Katherine M. Hedeen &
Víctor Rodríguez Núñez

Mireille Gansel
Soul House
tr. Joan Seliger Sidney

Óscar García Sierra
Houston, I'm the problem
tr. Carmen Yus Quintero

Phoebe Giannisi
Homerica
tr. Brian Sneeden

Zuzanna Ginczanka
On Centaurs & Other Poems
tr. Alex Braslavsky

Julien Gracq
Abounding Freedom
tr. Alice Yang

Karmelo C. Iribarren
You've Heard This One
Before: Selected Poems
tr. John R. Sesgo

Leeladhar Jagoori
What of the Earth
Was Saved
tr. Matt Reeck

Nakedness Is My End:
Poems from the Greek
Anthology
tr. Edmund Keeley

Birhan Keskin
Earthly Conditions:
Selected Poems
tr. Öykü Tekten

Jazra Khaleed
The Light That Burns Us
ed. Karen Van Dyck

Judith Kiros
O
tr. Kira Josefsson

Dimitra Kotoula
The Slow Horizon
That Breathes
tr. Maria Nazos

Maria Laina
Hers
tr. Karen Van Dyck

Maria Laina
Rose Fear
tr. Sarah McCann

Perrin Langda
A Few Microseconds on
Earth
tr. Pauline Levy Valensi

Anna Malihon
Girl with a Bullet
tr. Olena Jennings

Afrizal Malna
Document Shredding
Museum
tr. Daniel Owen

Joyce Mansour
In the Glittering Maw:
Selected Poems
tr. C. Francis Fisher

Manuel Maples Arce
Stridentist Poems
tr. KM Cascia

Selma Meerbaum-Eisinger
Blütenlese
tr. Carlie Hoffman

Ennio Moltedo
Night
tr. Marguerite Feitlowitz

Meret Oppenheim
The Loveliest Vowel Empties: Collected Poems
tr. Kathleen Heil

Giovanni Pascoli
Last Dream
tr. Geoffrey Brock
RAIZISS/DE PALCHI TRANSLATION AWARD

Gabriel Pomerand
Saint Ghetto of the Loans
tr. Michael Kasper & Bhamati Viswanathan

Liliana Ponce
Theory of the Voice and Dream
tr. Michael Martin Shea

Rainer Maria Rilke
Where the Paths Do Not Go
tr. Burton Pike

Amelia Rosselli
Document
tr. Roberta Antognini & Deborah Woodard

Elisabeth Rynell
Night Talks
tr. Rika Lesser

Waly Salomão
Border Fare
tr. Maryam Monalisa Gharavi

George Sarantaris
Abyss and Song: Selected Poems
tr. Pria Louka

George Seferis
Book of Exercises II
tr. Jennifer R. Kellogg
ELIZABETH CONSTANTINIDES MEMORIAL TRANSLATION PRIZE

Seo Jung Hak
The Cheapest France in Town
tr. Megan Sungyoon

Ahmad Shamlou
Elegies of the Earth: Selected Poems
tr. Niloufar Talebi

Edith Södergran
Modern Woman
tr. CD Eskilson

Ardengo Soffici
Simultaneities & Lyric Chemisms
tr. Olivia E. Sears

Liesl Ujvary
Good & Safe
tr. Ann Cotten & Anna-Isabella Dinwoodie

Paul Verlaine
Before Wisdom: The Early Poems
tr. Keith Waldrop & K.A. Hays

Haris Vlavianos
Renaissance
tr. Patricia Barbeito

Witold Wirpsza
Apotheosis of Music
tr. Frank L. Vigoda

Uljana Wolf
kochanie, today i bought bread
tr. Greg Nissan

Ye Lijun
My Mountain Country
tr. Fiona Sze-Lorrain

Verónica Zondek
Cold Fire
tr. Katherine Silver